www.ingramcontent.com/pod-product-compliance
Lightning Source LLC
Chambersburg PA
CBHW070630220526
45466CB00001B/140
* 9 7 8 1 6 8 8 2 4 2 5 8 6 *